AF315943

Aux Congressistes de la Confédération

DES

GROUPES COMMERCIAUX & INDUSTRIELS DE FRANCE

6, 7, et 8 Mars 1911

LE

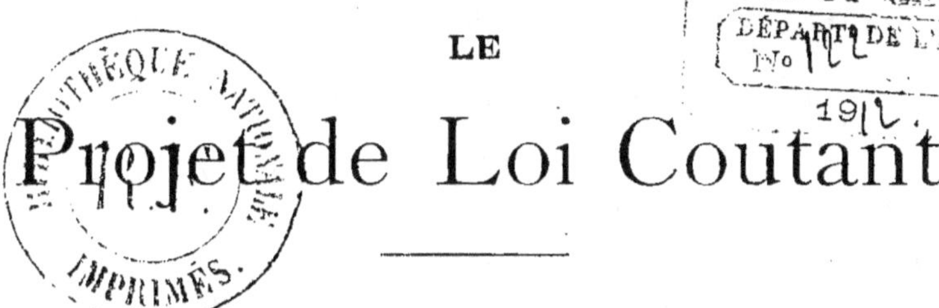

Projet de Loi Coutant

NOUS N'EN VOULONS PAS...

Par GEORGES JARDIN

SECRÉTAIRE DE L'« UNION COMMERCIALE »
DE BERNAY (EURE)

La Révolution de 1789 qui renversa
tant d'institutions laissa debout la juridiction consulaire...

(D'AUVILLIERS, *avocat à la
Cour d'appel de Paris.*)

BERNAY

IMPRIMERIE H. MIAULLE

1911

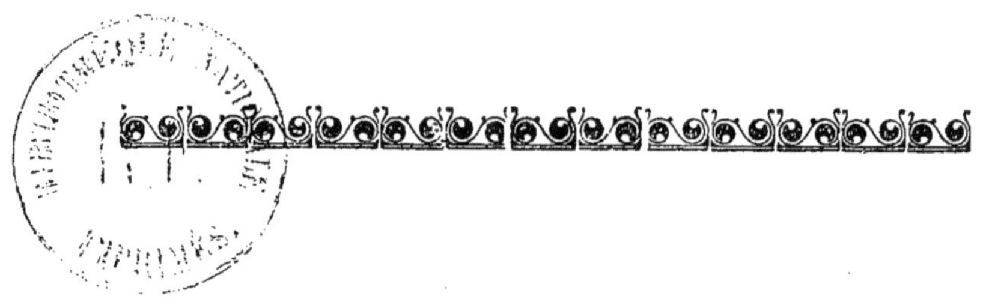

Dans la séance du 11 mai 1909, M. Coutant, député de la Seine, déposa sur le bureau de la Chambre le projet de loi suivant, qui fut renvoyé à la Commission de reforme judiciaire et de la législation civile et criminelle :

Projet de loi

ARTICLE PREMIER. — L'article premier de la loi du 12 Juillet 1905 est ainsi modifié :

Les juges de paix connaissent, en matière civile et commerciale, de toutes actions purement personnelles ou mobilières en dernier ressort jusqu'à la valeur de 300 francs et à charge d'appel jusqu'à la valeur de 600 francs.

Toutefois, les opérations relatives à la faillite ou à la liquidation judiciaire des commerçants seront exclusivement du ressort des tribunaux de commerce.

ART. 2. — L'appel des décisions rendues par les juges de paix en matière commerciale sera porté devant le tribunal civil de l'arrondissement.

L'appel sera restreint et jugé en matière commerciale, sans ministère obligatoire de l'avoué.

Si les parties ne comparaissent pas en personne, elles pourront se faire représenter et défendre devant le tribunal civil, soit par un avoué près le dit tribunal, soit par un avocat inscrit à un barreau. Dans ce cas une procuration ne sera pas exigée.

Le tribunal civil devra statuer dans les trois mois à partir de l'acte d'appel.

A l'appui de cette proposition, M. Coutant allègue notamment :

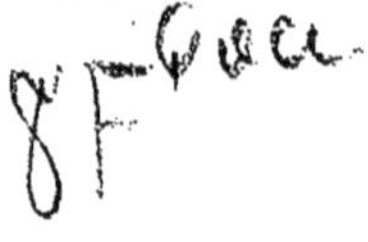

1° Que ce projet d'attribution de compétence commerciale aux juges de paix pour les petits litiges commerciaux, a déjà été préconisé nombre de fois depuis 1871 et il énumère les diverses phases sui-vies par cette question depuis cette époque ;

2° Que les petits commerçants, tout spécialement ceux des campagnes et de la banlieue de Paris éprouvent des regrets que les juges de paix ne soient pas compétents en matière commerciale. Que c'est même pour répondre à un vœu exprimé par l'Union du Commerce et de l'Industrie de Choisy-le-Roi, que la présente loi à été proposée ;

3° Que les statistiques des élections consulaires démontrent l'indifférence très grande du corps électoral. Et que les magistrats consulaires eux-mêmes sont les premiers à souhaiter l'attribution aux juges de paix des petits litiges commerciaux qui encombrent la barre des tribunaux occupés ;

4° Que le commerçant peut être obligé pour un procès de minime importance, de se transporter au chef-lieu d'arrondissement ; d'où perte de temps et frais de déplacement, quand la justice de paix est à sa porte ;

5° Que la juridiction consulaire nécessite des frais de procédure plus élevés que la justice de paix;

6° Que la conciliation n'existe pas en matière commerciale, tandis qu'elle est de droit à la justice de paix.

Tels sont les principaux arguments de M. Coutant ; avant d'exposer les raisons majeures qui s'opposent à l'acceptation de son projet de loi, nous répondrons point par point à son argumentation :

1° Que s'il est vrai qu'à différentes reprises, divers projets aient été proposés à l'effet d'attribuer compétence aux juges de paix en matière commerciale, ces propositions ont toujours été repoussées par le Parlement comme inacceptables et inapplicables : que la plupart de leurs auteurs ont toujours fini par reconnaître que la juridiction consulaire était un organisme à part, qu'il était encore plus impossible d'amputer que de supprimer :

2° En ce qui concerne les doléances des petits commerçants des campagnes, dont M. Coutant prétend tirer argument, il ne s'appuie sur aucune statistique qu'il énonce, et n'apporte aucun fait précis de nature à être pris en considération, il formule une allégation vague et rien de plus. Quant aux protestations des commerçants de la banlieue de Paris et de Choisy-le-Roi, dont il se prévaut, elles sont sans doute motivées par le mauvais fonctionnement du tribunal de commerce de la Seine, mais ce fait ne saurait toucher les commerçants de la province qui forment une majorité imposante.

Que l'on réorganise les services du tribunal de commerce de la Seine et que l'on crée au besoin des tribunaux consulaires dans la banlieue de Paris, telles sont les réformes utiles en cette occurence, mais en tous cas une minorité ne saurait imposer sa volonté à une majorité, et un projet de loi aussi important ne saurait davantage être mis en avant dans le but de servir des intérêts particuliers.

Une semblable manière de procéder ferait tout au moins présumer que cette démarche est dictée par un intérêt électoral, et non dans l'intérêt de la généralité des commerçants de France ;

3° Les statistiques démontrent, nous dit-on, l'indifférence du corps électoral. Il est juste de reconnaître que les commerçants se désintéressent trop de l'élection de leurs magistrats consulaires et il convient de les engager d'user davantage de leur droit de vote, mais on peut signaler comme certaine la protestation de ceux qui, les moins assidus aux

urnes, ne pourront tolérer le retrait d'un électorat
dont ils n'usaient pas.

Quant au désir de la magistrature consulaire de
voir attribuer compétence commerciale aux juges
de paix, pour les petits litiges, c'est là moins qu'une
hypothèse gratuite, qui sera rapidement démentie
par les protestations de tous les tribunaux de commerce, *sans exception*. Je défie bien le distingué
promoteur de cette loi, d'apporter l'approbation
d'un seul tribunal consulaire à ce sujet.

D'ailleurs, s'abstient-on bien de parler de réfé-
rendum auprès de la magistrature consulaire, la
réponse ne serait que trop certaine.

D'autre part, celle de MM. les juges de paix est
peu douteuse. Ceux de ces magistrats dont la barre
est occupée, déclineront le surcroît de besogne que
l'on veut leur imposer sans augmentation de traitement ;

4º Le commerçant peut être obligé à un déplacement au chef-lieu d'arrondissement pour un procès de minime importance.

Cet argument n'a qu'une bien piètre valeur, à une
époque où les moyens de communication existent
dans les pays les plus reculés et où les déplacements
sont facilités par la rapidité des transports ;

5º En ce qui concerne les frais nécessités par la
juridiction consulaire, s'il est vrai qu'ils sont plus
élevés qu'en justice de paix et moins onéreux qu'au
Tribunal civil, la différence, paraît-il, réside presque
exclusivement :

1º Dans les droits d'enregistrement des jugements, plus élevés qu'en justice de paix ;

2º Dans les droits de timbre des expéditions,
lesquelles en justice de paix sont sur papier libre.

On peut donc répondre que l'unification des
droits d'enregistrement en matière commerciale

comme en matière de justice de paix, ainsi que la suppression de l'usage du papier timbré en matière commerciale, auront pour résultat de rendre la procédure aussi peu onéreuse devant le Tribunal de Commerce que devant la Justice de Paix.

Mais, dira-t-on, il s'agit de sauvegarder les intérêts du Trésor ? Qu'en dirait M. le Ministre des Finances ?...

6° Reste la question de la conciliation qui n'existe pas en matière commerciale.

C'est exact... et c'est sans doute regrettable.

Elle a été réclamée par nombre de tribunaux consulaires.

Ils n'ont pas eu gain de cause.

La Commission du Sénat chargée d'examiner cette question a, après un examen minutieux et pour des motifs trop longs à exposer ici, rejeté le principe de la conciliation en matière commerciale.

Nous ne pouvons donc que nous incliner.

Si le Sénat ne se déjuge pas, il pourra en vertu du rapport de cette Commission, rejeter pour les mêmes motifs, l'attribution de compétence aux juges de paix des petits litiges commerciaux.

On ne conçoit pas en effet qu'après avoir par question de principe et pure théorie rejeté la conciliation en matière commerciale, le Sénat puisse, de propos délibéré, porter atteinte à l'intégralité des attributions de la juridiction consulaire.

Mais il existe des motifs d'une importance capitale et d'un ordre beaucoup plus élevé qui doivent faire rejeter péremptoirement le projet de M. Coutant, ils intéressent la collectivité des commerçants et on ne saurait les passer sous silence.

Après avoir pris l'avis de plusieurs jurisconsultes, de certains hommes politiques, d'industriels et de notables commerçants, je crois être en mesure d'exposer la discussion de la façon suivante :

Le projet de loi de M. Coutant doit être écarté :

1° Parce qu'il porte atteinte au principe d'équité qui veut que les commerçants soient jugés par leurs pairs ;

2° Parce qu'il aurait pour effet non seulement d'amoindrir, mais de supprimer totalement la juridiction consulaire ;

3° Parce qu'il exposerait les justiciables, en diverses circonstances et dans certains litiges, d'être lésés dans leurs droits, à raison d'interventions et d'influences susceptibles de nuire à la justice et à l'équité ;

4° Parce qu'il aurait pour résultat d'augmenter les charges budgétaires en nécessitant la création de nouveaux postes de magistrats.

Tels sont les quatre points essentiels qu'il y a lieu de développer, pour faire ressortir aux yeux des commerçants, tout au moins quelques-unes des conséquences très graves résultant du projet de loi de M. Coutant.

I° Il porte atteinte au principe d'équité qui veut que les commerçants soient jugés par leurs pairs.

Bien que la juridiction consulaire, telle qu'elle fonctionne aujourd'hui, ait été organisée par le premier Empire, les principes mêmes de son fonctionnement et la base de son organisation sont bien de nature essentiellement démocratique.

Ils consacrent, en effet, que les magistrats désignés pour rendre la justice aux patentés seront choisis parmi ces derniers et que leurs fonctions seront *électives* et *temporaires.*

Peut-on trouver une autre institution qui réalise davantage le caractère nettement démocratique qui préside à cette organisation ? Aussi l'institution des « juges consuls » a-t-elle toujours été respectée par tous les gouvernements qui se sont succédés depuis sa création, et jusqu'à cette époque, personne n'a-t-il songé sérieusement à la battre en brèche ou à l'amoindrir.

Ainsi que nous l'avons dit précédemment, c'est seulement depuis 1871 que quelques projets ont été déposés à l'effet d'attribuer aux Juges de paix une certaine compétence commerciale, mais leurs auteurs eux-mêmes n'ont pas osé les soutenir avec ténacité, forcés qu'ils étaient de reconnaître que l'étendue de la compétence de la juridiction consulaire était intangible dans son ensemble.

On ne conçoit pas, en effet, que des commerçants soient jugés dans le même ressort et pour des litiges de même nature, par leurs pairs en certains cas et par un seul juge de carrière en d'autres cas. C'est l'un ou l'autre ; et l'attribution de compétence aux juges civils dans les ressorts où il n'y a pas de Tribunal de commerce est une *dérogation obligée*, résultant du petit nombre des patentés dudit ressort et de l'impossibilité d'y constituer un Tribunal consulaire.

Mais le législateur n'a autorisé cette *dérogation* que parce qu'il était impossible de procéder autrement, encore a-t-il voulu dans ce cas que le Tribunal fut composé de trois juges inamovibles et non d'un juge unique amovible.

On ne peut donc, sauf l'exception ci-dessus qui résulte d'un cas de force majeure, confier en première instance des litiges d'une même nature spéciale à des juridictions d'ordre, d'essence et de degré différents, surtout *dans un même ressort,* sous peine d'amener une perturbation certaine dans l'exercice de la justice, des complications inutiles dans la procédure et, enfin, de constants conflits d'attribution de juridiction, toutes circonstances au plus haut point funestes aux intérêts des justiciables et à la bonne application des lois.

On peut être quelque peu surpris de voir des hommes politiques professant des doctrines socialistes, s'efforcer d'amoindrir une juridiction d'essence *foncièrement démocratique*, alors qu'en matière civile et correctionnelle ils préconisent hardiment l'institution d'un jury et de juges électifs, alléguant que le fonctionnement de la justice et le mode de recrutement des magistrats sont en pareille matière surannés, onéreux, et donnent lieu à des garanties insuffisantes et aux abus du favoritisme. Outre que ces faits démontrent l'inconséquence de ces hommes politiques, ils démontrent également l'indifférence, sinon le mépris dans lequel ils tiennent le patenté « bourgeois et non prolétaire », lequel généralement n'est point pour eux un électeur.

Il convient donc d'après eux de supprimer un tribunal d'exception, qui est l'apanage des commerçants, parce que cette institution a tous les caractères d'un privilège. En effet, peut-être cette institution est-elle un privilège, parce que si les droits des commerçants sont assez étendus, leurs responsabilités et leurs devoirs ne le sont pas moins, au contraire, et leurs risques sont immenses, surtout à l'heure actuelle. N'encourent-ils point à tout instant l'éventualité terrible de la faillite ? C'est précisément à raison de ces risques et de ces responsabilités qu'il appartient que les commerçants soient jugés par leurs pairs.

La suppression de la juridiction consulaire, conséquence forcée et inévitable de l'extension de la compétence des Juges de paix, ainsi que nous le démontrerons plus loin, aura pour résultat assuré de faire attribuer soit aux juges civils dans tous les cas, soit même aux juges de paix, la faculté de déclaration de faillite des commerçants.

La faillite d'un commerçant est, cependant, une mesure trop grave pour pouvoir être déclarée autrement que par des Commerçants. En ce cas, les Juges consulaires constituent une sorte de Tribunal d'honneur qui aura à décider : si le commerçant a manqué à ses engagements et encouru par ses agissements la déchéance de la faillite, ou s'il doit y échapper, ou, tout au moins, obtenir le bénéfice de la liquidation judiciaire que le législateur a, dans un but humanitaire, instituée en faveur du débiteur malheureux et de bonne foi.

Il est constant, en pareil cas, que les commerçants sont mieux à même d'apprécier que tous autres Juges les circonstances de la cause et le justiciable a tout lieu d'avoir confiance en l'équité de leur décision. Ils connaissent tous les aléas et les difficultés du commerce, aussi font-ils souvent preuve d'indulgence, mais on les voit également faire preuve de fermeté lorsqu'ils sont convaincus de la mauvaise foi du débiteur, et qu'il importe avant tout de sauvegarder les droits des créanciers sur l'étendue desquels, leur qualité de commerçants leur permet d'avoir une saine faculté d'appréciation.

En ce qui concerne les affaires contentieuses qui leur sont soumises, on ne saurait non plus méconnaître que les connaissances professionnelles, l'habitude du négoce et l'expérience des affaires ne soient pour le moins, et même davantage, profitables à la cause des justiciables que des connaissances juridiques étendues. D'ailleurs, les magistrats consulaires parviennent à les acquérir par la pratique, d'autant mieux qu'une loi récente a prolongé la durée de leur éligibilité.

Avant tout, l'avantage de cette juridiction est

que, sauf exception particulière, elle juge en fait et en équité plutôt qu'en droit. Elle a conservé ainsi la simplicité et la verdeur des juridictions primitives qui, ignorant les subtilités des légistes, évitant le dédale des procédures compliquées et affranchies d'une jurisprudence asservissante, statuaient en équité. C'est pourquoi ce serait non seulement une grave erreur, mais une injustice de soustraire, même partiellement, les commerçants à la juridiction de leurs pairs.

II° Si le projet de loi de M. Coutant doit être écarté parce qu'il porte atteinte à un principe d'équité dont on ne saurait méconnaître l'importance capitale, il doit l'être également parce qu'il aurait pour résultat non seulement d'amoindrir, mais de supprimer totalement la juridiction consulaire.

Il existe en France 225 tribunaux de commerce :
Dont 134 ont *plus* de 200 affaires à juger ;
56 *moins* de 200 et *plus* de 200 affaires ;
Et 35 *moins* de 100 affaires.

Comme les demandes inférieures à 600 fr. représentent au minimum les *deux tiers* des affaires portées devant les dits tribunaux, il y a lieu de considérer que l'adoption du projet de loi dont il s'agit aura pour effet inévitable d'amener la suppression *certaine* de tous les tribunaux de commerce ayant moins de 200 affaires à leur rôle et la suppression *probable* des tribunaux ayant moins de 300 affaires à juger.

Il paraît en effet évident que les tribunaux auxquels il restera moins de 75 affaires à juger ne devront pas être maintenus ; un aussi petit nombre de causes ne permettant pas valablement l'existence d'un tribunal.

D'où il s'en suit que toutes les petites villes et villes moyennes seront privées de cette juridiction dont l'utilité et les garanties sont incontestables, alors que les grands centres seuls continueront à en posséder les avantages.

D'ailleurs, à tout bien peser, l'existence des tribunaux consulaires de première instance n'en sera pas moins compromise, car les adversaires de la juridiction commerciale feront le nécessaire pour les faire disparaître, en alléguant qu'ils sont exclusivement l'apanage des grands centres seuls et non des localités plus modestes, et que c'est là une anomalie qu'il convient de faire cesser.

Dans toutes les localités où seront supprimés les petits tribunaux de commerce, soit environ 150 sur 225, la juridiction civile viendra s'y substituer, heureux encore si la compétence des juges de paix n'est pas à nouveau étendue par suite de cette circonstance et si la faculté de la déclaration de faillite ne vient point à leur être attribuée en premier ressort !... Qui pourrait en douter quand on se rend compte de la tendance manifeste des parlementaires à augmenter sans cesse l'étendue de la compétence *du juge unique amovible*, tendance dangereuse à raison même de son exagération ? Un pas suit l'autre, et qui pourrait donc dire quand nos modernes législateurs sauront s'arrêter dans cette voie ?

Et pourtant quelles garanties incontestablement supérieures la juridiction consulaire n'offre-t-elle pas aux commerçants !

Un des principaux arguments des partisans de la réforme est le suivant :

« Les connaissances spéciales des juges consu« laires, dont on fait tant de bruit, varient de com« merce à commerce ; n'étant point constitués en
« sections par spécialités, ils n'ont que les connais« sances de leur profession et jugent bien rarement
« des affaires qui intéressent leur spécialité propre.

« En fait, un marchand de couleurs juge un mar-
« chand de vin, qui juge un marchand de tissus,
« qui juge un quincaillier, etc... Au reste, les con-
« naissances juridiques des magistrats de carrière
« valent bien les connaissances pratiques des juges
« consulaires. »

A quoi nous répondrons que les usages du commerce, ses principes, son mode de fonctionnement
sont sensiblement les mêmes pour toutes les corpo-
rations, à quelque branche qu'ils appartiennent.
Qu'un marchand de vins est plus apte qu'un juge de
paix ou que n'importe quel magistrat de carrière à
juger un marchand de couleurs ; que la pratique
constante des affaires commerciales lui donne sur
ces derniers une expérience incontestablement supé-
rieure et lui fait apprécier la cause qui lui est sou-
mise sous un jour tout différent.

Exemple : Un juge de paix peut-il être à même
de juger en pleine connaissance de cause dans l'éva-
luation des dommages-intérêts à allouer pour retard
dans l'arrivée des marchandises ?

Non, assurément ; pour nous, commerçants, il ne
pourra l'apprécier comme le juge consulaire.

Enfin, le litige étant soumis à *trois juges* en matière commerciale, il y a lieu de considérer que, la
plupart du temps, il existe parmi ceux-ci un commerçant exerçant le même négoce que l'une ou
l'autre des parties en cause, ou tout au moins un
commerce similaire, et que, devant cet ensemble
d'observations, nous ne voyons pas trop quel état
on peut faire de l'argumentation des partisans de la
réforme.

Au reste, nous ajouterons que, si l'on consulte la
statistique des affaires commerciales portées devant
les cours d'appel, il en ressort, de façon indéniable,
qu'à proportion égale, les juges d'appel confirment

davantage de jugements rendus par les tribunaux consulaires que de jugements rendus en matière civile ; ce qui implique bien que cette juridiction composée de commerçants est loin d'être inférieure à celles composées de magistrats de carrière.

C'est pourquoi il serait profondément injuste de supprimer en fait les petits tribunaux de commerce qui, n'étant pas surchargés d'affaires, étudient les causes confiées à leur appréciation avec un soin plus méticuleux que ceux dont la barre est trop occupée. Et ce sont précisément ces petits tribunaux que l'adoption du projet de M. Coutant aurait pour effet de faire disparaître *ipso facto*.

III° L'attribution de compétence aux juges de paix des petits litiges commerciaux exposerait les justiciables en diverses circonstances et dans certains litiges à être lésés dans leurs droits à raison d'interventions et d'influences susceptibles de nuire à la justice et à l'équité.

Il y a lieu, en effet, de considérer que le juge de paix, *juge unique amovible*, ne peut fournir aux justiciables les mêmes garanties que *trois juges dont le mandat est consacré par l'élection de leurs pairs.*

Outre que la pluralité des juges est, dans tous les cas, une sécurité pour le justiciable, parce que leurs lumières, se complétant mutuellement, sont *supérieures à celles d'un seul* et excluent plus facilement *toute partialité*, il convient de faire remarquer que les juges consulaires qui ne reçoivent *aucun traitement* n'ont à espérer *aucun avancement*, ni en général *aucune distinction honorifique*, ne sont guère susceptibles de subir des influences étrangères à la justice et pouvant modifier leur décision dans un but intéressé.

Sans suspecter le moins du monde la parfaite honorabilité de l'ensemble de la juridiction canto-

nale, il n'en est pas moins vrai que le *principe d'a-
movibilité* des juges de paix, peut avoir, en certains
cas, de très grands inconvénients. S'agit-il de litiges
où les simples particuliers se trouvent aux prises
avec l'Etat ? On connaît, à ce propos, les violentes
critiques dont sont l'objet les tribunaux administra-
tifs, critiques qui appellent des réformes. En matière commerciale, les inconvénients signalés ci-
dessus revêtent un caractère particulier de réelle
gravité lorsqu'il s'agit de litiges entre commerçants
et l'Etat exploitant les voies ferrées.

Le juge unique amovible peut se trouver en butte
à des interventions ayant pour objet de le circon-
venir dans sa décision, alors il sera obligé loyale-
ment ou de se récuser, ou adoptant une attitude
plus courageuse, de s'exposer à des représailles.
Nous ne croyons pas que les tribunaux consulaires
puissent être exposés à ces manœuvres, car on ne
peut exercer sur eux aucune influence de ce genre.

Même en dehors des litiges entre particuliers et
l'Etat, ces influences peuvent se faire sentir à raison
de la personnalité de certains justiciables, et le *juge
unique amovible* est moins bien armé pour y résister que *trois juges dont les fonctions sont électives et
temporaires.*

**Il s'agit là de principes posés et non de
suspicion injurieuse comme certains vou-
draient le laisser croire.**

Si des faits et des exemples devenaient néces-
saires pour étayer ce principe émis, il serait pos-
sible d'en fournir le cas échéant.

Mais constatons seulement, pour terminer sur ce
chef, que la magistrature de carrière a été vivement
critiquée récemment à propos d'affaires sensation-
nelles (affaires Lemoine, Steinheil, etc., etc.) qui ont
fait ressortir ses graves imperfections et provoqué

des réformes. Le moment paraît donc mal choisi de la substituer à la magistrature élective, dont nous voudrions voir généraliser la création comme le proposent les socialistes.

IV° Le projet de M. Coutant aurait pour effet de créer de nouvelles charges budgétaires en nécessitant la création de nouveaux magistrats.

Il est de toute évidence que la suppression d'un grand nombre de tribunaux de commerce, conséquence obligée de la compétence des juges de paix, ainsi que nous l'avons démontrée ci-dessus, aura pour effet de rendre nécessaire non seulement la création d'un certain nombre de nouveaux postes de juges de paix, mais aussi de juges civils tant titulaires que suppléants rétribués. On conçoit aisésément que les tribunaux civils étant appelés à remplacer dans beaucoup de localités les tribunaux de commerce supprimés, il y aura lieu d'augmenter le nombre de leurs membres.

De plus, le surcroît de besogne que l'on imposera aux juges de paix servira de prétexte à une demande d'augmentation de traitement. Y fera-t-on droit ? En toute équité, cela doit être. Les partisans de la réforme, eux-mêmes, reconnaissent que l'adoption du projet nécessiterait une augmentation des charges budgétaires.

Si l'on considère que les tribunaux de commerce ne coûtent pas un centime à l'Etat, il paraît tout à fait inutile de leur substituer encore, de nouveaux fonctionnaires rétribués *(or on sait que nous en manquons !!)*

Tous les motifs ci-dessus exposés, ainsi que ceux mis en avant par les adversaires du projet suffisent amplement pour faire écarter définitivement le principe de l'extension de la compétence des juges de paix en matière commerciale.

Tous les petits commerçants ont le devoir de donner leur opinion sur l'utilité du projet de loi de M. Coutant. Cette réforme ne peut être effectuée sans le consentement de la majorité d'entre eux et non au profit d'un groupe commercial quelconque ou d'une coterie politique.

Mais pour que les échos de leur volonté franchissent le seuil du Parlement, il importe que toutes les Chambres de commerce et toutes les Unions commerciales du pays fassent entendre leur voix puissante.

En nous unissant ainsi, en nous groupant étroitement, notre tâche sera singulièrement facilitée pour la lutte, cette éternelle condition de la vie. Mettons donc en commun nos intelligences, nos ressources, nos énergies pour résister dans ce combat dont l'âpreté pousse à la désespérance. Cela vaudra-t-il pas mieux que d'accroître notre défaite par l'isolement des esprits et l'inharmonie des volontés ?